나를 깁다

문학과 사람 기획시선 002

나를 깁다

문학과 사람 기획시선 002

초판 1쇄 발행 | 2018년 8월 30일

지 은 이 | 이혜민
펴 낸 이 | 김광기
펴 낸 곳 | 문학과 사람
등록번호 | 제2016-9호
등록일자 | 2016년 7월 22일
주　　소 | 경기도 시흥시 하상로 36 금호타운 301-203
경기도 파주시 직지길(파주출판단지)250, 2층(세종피인피)
전　　화 | 031) 253-2575
전자우편 | poetbooks@naver.com
홈페이지 | http://cafe.daum.net/yadan21

ISBN 978-89-89265-89-4 03810

값 9,000원

* 이 책은 성남시문화예술발전기금을 일부 지원받아 발간하였습니다.

* 이 도서의 국립중앙도서관 출판시도서목록(CIP)은 서지정보유통지원시스템 홈페이지(http://seoji.nl.go.kr)와 국가자료공동목록시스템(http://www.nl.go.kr/kolisnet)에서 이용하실 수 있습니다.

* 이 시집은 교보문고와 연계하여 전자책으로도 출간됩니다.
* 본문에서 페이지가 바뀌며 연 구분 공간이 있을 때에는 〉 표기를 합니다.
* '문학과 사람'은 1998년 등록되어 출판 진행된 'AJ' 등과 연계됩니다.

나를 깁다

이혜민 시집

■ 시인의 말

손톱 끝에 까맣게 박힌

땟국물 같은

날것들, 한자리에 모였다.

염치없고 부끄럽다.

2018년 8월,

이혜민

■ 차 례

1부

2부

3부

4부

1부

나를 깁다

거울 속에 꿈틀거리는
날개 같은 것이 한 자루 가득
쉼 없는 쉼을 위해 얼굴을 가리고 있다
어디서부터 마름질이 어긋난 걸까
햇살 바늘이 살갗을 뚫고 들어오며
박음질부터 해댄다
담장 밑에 웅크리고 앉아 있는
유년의 얇은 천과
날고 싶어 하는 날개가 청춘을 누비며
한 벌 몸뚱이를 깁는다
어디를 가나 모습과 질감이 똑같은,
어지간한 오염에도 물들지 않는 원단
늘 빡빡 문질러서 빨아야하리
그러나 따뜻한 손길이나 입술엔 취약해
고문 단속을 당하기도 한다
나를 가리고 있는 천을 수선할 때마다
빗방울처럼 떨어져 번지는 눈물
무명의 노루발로 박음질을 하는
난, 한 폭의 생을 깁는다.

사자를 꿈꾸다

검은색은 두렵다

밤마다 외딴집 목줄에 묶인 그가 검정을 물어뜯고 있다. 서로 한 치 양보도 하지 않는다. 하얀 이빨로 물어뜯으면 검정은 한 발짝 뒤로 물러나지만, 어디에도 없다. 산지사방 가득 출렁거리며 콧잔등에도 이빨 새에도 꼬리에도 발톱에도 있지만 죽은 듯 안으로 숨을 파먹고 있다.

흰 이빨의 숫자를 검은색은 알고 있다. 개의 눈알에 여전히 검은 호수가 출렁인다. 발바닥이 물속에 닿을 수 있어도 한 오금도 달아나지 못한다. 매질에 두 손 쭉 뻗고 항복했던 앉은뱅이는 안다. 시간의 문이 열려도 밖으로 튀어나가지 못한다는 걸, 어둠의 시간이 그래서 휴식이 없다는 걸.

그는 검정 이빨을 아귀처럼 밤새 씹을 셈인가.

이미 내장 깊숙이 고개를 처박고 피를 빨고 있다. 마지막 뼈다귀를 물고 더 없냐고 으르렁거리며 제 영역을 표시하는 소리.

〉

언 땅에 몸을 숨긴 애벌레들까지 더 납작 엎드려 숨을
고를 때 고요의 뒷면이 밝아오기 시작한다. 푸석한 어둑
새벽이 파란 이빨을 갈며 기어온다.

숨겨진 발톱 사이

목줄의 배신으로 탈출하지 못한 어둠이 그의 전체를 뒤덮고 있었지
태반을 두르고 새끼를 찾아 헤매어도 쇠사슬은 그를 놓아주지 않았어
꿈속에서도 양털 목도리를 두르고 초원을 찾아 내달리는지
하루 반나절이 지나서야 제자리로 돌아 왔었어
늘 울먹한 까만 눈망울은 먼 데를 바라고 있었지

목줄을 버리고
뜬 구름을 잡고 흘러가고 싶은 날
하늘 문이 열렸는데 오르지 못하던 그런 날이
내게도 있었지

침대 모서리에 박혀
들숨은 안으로 고이고 썩어들었지
역한 냄새를 흘리며 하루에도 몇 번씩
눅눅한 침대 밑으로 기어들었지
〉

그래 죽는다는 건 말이야
또 다른 해방인지 몰라

혼자 태반을 씹던 피의 맛을 그도 알까

사이와 사이가 품은 멀고 먼 곳,
웅크린 채 손짓하는 고샅길
숨겨진 발톱 사이에서
아직도 끈질긴 세포가 자꾸만 밖으로 밀치고 있네.

비닐봉지의 운명

무거워, 너무 무거워

담장 밖 세상을 발돋움하고 내다보다
동댕이쳐지던 그 날
피 철철 흘리며 포복하다 맛보았지

억겁 굴레와 천공 자유가 뒤엉켜 내가 만들어진 것

진공처럼 가벼운 내 몸 날 수가 없어 늘 소리 내어 엉엉 우는 것

바늘구멍만한 길 만들어 놓고 바람처럼 드나드는 동안
독기 묻은 가시가 제 살을 파먹는 동안
천지사방 머리 들이박으며 발광을 해야 했던 것

검붉은 생살을 뚝뚝 떼어내야만 했지
제 슬픈 그림자만 넋을 잃고 바라봐야 했어

그래도 난 꿈을 꾸지 둥둥

가시낙년

그늘에 풋내 나는 몸을 말리고 있었어
벌집 쑤시듯
회오리바람이 치맛자락을 밀치고 쳐들어 왔지

곧추세운 가시까지 뽑혔어
오매불망 지켜 온 처녀막이 툭,
봇물처럼 터져버릴 땐 차라리 시원하기도 했지

서슬 퍼런 쇠사슬 멍에가 철컥,
화인처럼 이마에 새겨질 땐 오히려 황홀하기도 했어

바람이 키운 가시가
가시집 속에 들어 앉아
밤마다 궁굴리는 밤벌레가 되었지

사내 속만 파고드는 가시낙년이 되었지.

짧은 손 흔들며

짧은 쇠사슬에 묶인 수캐가
단풍나무 아래서 네발 벌린 채 자고 있다
꿈속에서 수만 꽃송이 몸 안에 피우고 있나
꿈틀거림으로도 나무는 자지러지듯 몸을 떤다
개는,
다음 생에 무엇으로 피어날 수 있을까

어쩌면 나도 사람이 아닌
전생에 암캐였을지 몰라서 쩔쩔 매고 있는데
얼굴 우락부락한 수캐 한 마리 울타리 넘어 대고
많이 들어 귀에 익숙한 목소리를 내며 짖어댄다

벌어진 울타리 개구멍이
굵다 가늘었다 하며
내 몸을 달뜨게 한다

뜨거워진 몸으로
쪼그려 앉아 나무 밑동에 볼일을 보다가
비로소 꽃이 되어 훨훨
분분히 날리는
마음속의 숙연한 파문.

빙하지대를 가다

눈부신 설원이다
발자국 하나 보이질 않는다
어디로 가야 하나 두리번거려도
처음과 끝을 알 수가 없다
수만 갈래 있었던 길도 하얗게 덮여
박힌 발자국조차 스스로 뺄 수가 없다
어디서 해가 떠 어디로 지는지 모를
한 가운데 서서
온 몸이 꽁꽁 굳어온다
발자국에 고인 햇살을 따라 없던 길을 만들어
제자리를 맴돌다 주저앉아 한 점
마침표로 찍히게 될지도 모를
마침표 속에 갇혀
촉 무뎌진 지팡이 하나 달랑 들고
갈 수가 없는, 천 년의 길에서
돌고 도는 A4.

밤톨

나도 한 때 이랬지

내가 유영하던 어머니 자궁 속,
수천 뼈마디 열고 있는 밤송이를 보면서
내 첫 울음 소리를 듣는다
여물지 않은 발톱까지 힘 모아
그 캄캄하고 좁은 질곡을
어떻게 헤집고 건너 왔는지
남의 집 사랑방에서 시작된
첫, 세상살이의 내 시련은 지금
삶의 소용돌이 속을 어디쯤
지나가고 있는 것인지, 다가올
운명을 어찌 가늠도 해보지 못하면서 나는
툭!
첫 울음을 풀숲에 떨어트린 채
체온도 식지 않은
따뜻한 알밤을 손바닥에 올려놓고
작은 핏덩어리, 내 육신을 들여다본다.

두더지 게임

여자는 숨을 길게 내뿜었다. 주머니 속에 멋대로 굴러다니는 추억 한 잎. 이제는 떠나보낼 결심이 선 듯 사내 옆구리에 찔러 넣었다. 목울대를 타고 넘어 오는 울렁증을 지그시 깨물었다. 눈에 핏줄 세우고 노려보았다. 낯선 얼굴이 빳빳하게 고개를 쳐들 때마다 손을 멈칫거렸다. 돌아앉은 기억들이 사내 옆에 달라붙어 한사코 밀어내기라도 하는지 허공을 향해 헛손질만 해댔다. 사내가 숨바꼭질하듯 숨어버릴 때까지 눈앞에 어른거리던 얼굴이 뭉개질 때까지 헛손질만 해대던 여자는 방망이를 던져 버리고 어두워진 골목 안 텅 빈 구멍으로 들어가 버렸다.

박과 수박 사이

유혹이었겠지
매일 눈빛 교신을 했어

어리석은 짓은 그만
세상 잣대를 들이대며 호통을 쳤어
눈물로 세례를 주고
죄로 물든 몸뚱이를 닦아줬지
무거운 마음으로 기도했어

세상은 알게 모르게
그들을 교접시켜
붉게 충혈된 마음덩어리를 꺼내주었어

사랑한다는 건
발목에 자잘한 풀씨를 감거나
빈손으로 허공을 당기고
마음을 하늘로 차고 나가는 것이지

벌건 욕정을 놓아버리면
박이 수박이 될 수도 있지.

달팽이의 꿈

더듬이 활짝 펴고 호랑나비 되어
이 꽃 저 꽃 죄다 건드려 보고 싶었다구

칙칙한 집구석을 박차고
길바닥으로 기어나가
길을 내면서 횡단보도를
꼭 한번 건너보고 싶었어

한 평생 좋다는 세상 기다가 갈 순 없잖은가
한 평생 고개 처박고 눈 내리깔고 살 순 없잖은가
숨죽여 더듬이만 비벼댈 순 없잖은가.

내비게이션

목적지가 어디일까
어디로 가야 할지
어디로 가는 건지
어쩌다 여기까지 와 버린 것일까
바른 길을 안내하는 소리를 따라
빠른 길을 유도하는 신호를 따라
자꾸만 곡선 길로 몰아붙였지
어두운 터널을 숨 막히게 빠져 나와
진창길 자갈길 구비 돌아
잡풀만 우거진 비포장 길 여기,
이쯤에 내 인생을 붙잡아 세웠지
뒤를 돌아 봐도
앞을 내다 봐도 끝이 보이지 않는
후진도 전진도 하기 힘든 길 위에서
산비둘기처럼 목 놓아 울었어

너를 만나지 말았어야 했어.

고추패설

아야, 올해만 고추농사하고 내년부턴 힘들어서 못하것다야
아부지는 작년에도 그라던디 올해 또 그런 말 하요
그란디 올해 고추가 엄청 좋다야
그람시롱 내년 고추모 심을 때 되믄 젤로 먼저 심을 거이고만
알았당게 내년부터 고추농사 안 할랑게
아부지 내년부턴 고추 농사짓지 마쇼 잉
근디 고추밭서 고추 맨져보는 거이 사는 낙인디
고추농사 짓는다고 얼굴이 핼쑥해졌구만이라
고추농사 못 지었다고 동네 사람들이 쑤근거려야
내년에 또 하믄 당장 서울로 모시고 올랑게요
가물어도 엄니 아부지가 새벽마다 물대중게 괘얀혀
그만 하랑게요 그라다 병들믄 어쩐다요
물 모지라믄 거시기도 쬐깨 쯔끄리고 그랑께 괘안탕게
큰 아덜 고추 값도 못하고 있는디 그런 말 또 하요
다른 집 고추보다 깔도 조쿠 매운맛도 겁나당게
딸딸이도 못 치는 딸딸인디 그라믄 뭐한다요
뭐니뭐니 혀도 느그 아부지 고추가 최곤거 니도 알랑가 몰러
그만 하랑게요 씨고추 하나 맹글지도 못함시롱.

물위에서 하룻밤

절벽에 걸쳐 있던 배 한 척,
열쇠 구멍 사이로 등 떠밀며 달려드는 불빛에
멀미하듯 내 마음이 흔들렸네
나의 보드랍고 섬세한 손끝을 따라
아릿아릿 배가 떠나갔네
배 아래 미끄러지는 뽀얀 물살이
물 숲을 더듬으며
가쁜 숨소리 속으로 삼킬 때
붉은 엔진 소리
저 혼자 뜨겁게 울었네
날개 접은 갈매기도 날개 속으로
고개를 더 깊이 처박는 시간
해풍에 밀리듯
굳은 몸도 다시 살아 펄떡여
발 묶인 정동진을 떠날 수가 없었네.

육십갑자

오지 산길에 주저앉았다
뒤돌아 내려 갈 수도
언덕길을 오를 수도 없다

풀숲 어딘가에 슬쩍
육갑을 내려놓고 싶다
자갈밭에 말라붙어 바스락대는 시간을
함부로 쓰다가 주저앉은 채

평생 삐걱거리며 기어서 간 길

육갑을 털어 다시
빈 지게에 옮겨 담는다
건조해진 시간에 물을 주며
나뒹구는 세월을 주워 모으면

지게 위에 올려놓은 손이
다시 아프다.

숨죽이다

고구마 순 모가지를 똑 부러뜨렸어
푸른 꿈이 피를 흘렸지
껍질을 홀딱 벗겼어
아픔마저 손톱 끝에서 끌려 나갔지
허리까지 뚝 분질렀어
눈물 알갱이가 올망졸망 매달렸지
펄펄 끓는 물에 집어넣었어
이리 뒤집었다 저리 뒤집었다
손바닥에서 벗어날 수 없었지
숨죽을 때까지 궁굴렸어
덧난 상처 아물기도 전에
몸부림치다가 제풀에 죽었어.

팔자타령

꼬꾸라져도 뒤집어져도 똑같은 8자
돌아가도 모로 가도 만나지는 8자
힘들다고 투덜대며
자리를 바꿔 봐도 변하지 않는 8자

모른 척 한 바퀴만 구르면 영,
다른 숫자인데
어떤 운명 속에 끼어들어
반 쪽 갈라주면 온전한데

덜 여문 옥수수 알 보듬듯이 껴안고 살까
팔자,
다른 숫자들을 한 번도 본적 없는 듯
지아빈 하늘이요 지어민 땅이라네

팔팔, 팔팔한 삶
그 어미에 그 딸 역시 팔팔한
이년의 8자.

2부

오선지 위의 반음표

지하철이 낳고 키워온 한 사내가
울음을 반죽하고 있다

계단과 계단 사이에 살고 있는 깨진 노래

절룩이는 음표를 밀며
흩어지는 소리를 공중으로 끌어 모아
건반을 누른다

술에 취해 허우적대는 동안
노래는 저 혼자 몇 번을 되돌이표로 돌아갔다

계단을 떠받히고 있는 어긋난 박자

어둠이 소리를 내다버리는 밤
깨진 노래가 살고 있는
계단을 버리는 한 남자도 있다.

물오리 가족

태풍에 집을 잃고
다리 밑 그늘 막으로 이사를 온 오리가족
사람들이 던져주는 간식을 받아먹는다

꼭 물고기를 주식으로 먹어야만 오리다운 건 아니라고
사람들이 던져 주는 재미있는 놀이가 주식이라고
사람들 손끝에서 눈을 떼는 순간 굶어 죽는다고
새끼들 곁을 지키는 부모 오리가 말한다

지휘자 지휘봉 끝을 노려보는 단원들처럼
일사분란하게 리듬을 타고 몸을 바꾸는 저 놀라운 실력
얼마나 피나는 연습을 많이 했을까

말을 잃어버린 듯 살 오른 모가지만 길게 빼고
벌어진 주둥이로 마른 소리만 질러댔다

그 소리를 알아들어서일까
나는 아직도 세상을 자맥질하여 된고기를 물어다
새끼 입에 넣어 주고 있다고
다리 밑에 두 다리 쭉 뻗고 앉아 고된 자맥질을 한다.

탈피

그는 그곳에 있었다
아카시아 나무에 매달린 채
가시 끝을 향해 두 눈을 부릅뜨고 있다
죽음을 밀어냈는지 잡았는지 손톱 끝마다
피딱지가 들어 앉아
뒤집어쓰고 살던 허울,
껍질뿐인 육체만 반듯한 척 걸어 놓았다
어디로 갔을까
벌거벗은 어미 자궁 속일까
소금쟁이와 물장구치던 옹달샘일까
헐벗은 외딴집 지키던 버짐 핀 감나무일까
활짝 날개 한 번 펴기도 전에
햇빛 들다만 캄캄한 지하방 굴러다니다
함부로 얼룩진 몸뚱이
비 오는 날이면 젖은 날개 처마 끝에 널어놓고
낙숫물에 사마귀만 키우더니
빌려 입은 남의 옷같이
떨쳐 버리지 못한 기억의 부스러기들
벗어 놓은 허물 속에서 고물고물 기어 다녔다.

고뿔뎐

한겨울 귀신 새처럼 내 속으로
기어들어 오는 이 있지

백주 대낮 오장육부 뒤집어 놓고
집 나간 지 언제이었던가

앞가슴에 고드름 얼어붙은 밤
문풍지 헐거워진 새를 비집고 숨어들었어

숨죽여 가며 우는 이불 속에서
으드득 이빨 사이 기어 나온 신음 소릴
누가 들었을 것인가

이녈 저녈 빈대 붙어 살면서
펄펄 끓는 품속은 어찌 알고
곧 죽어도 안 죽는 사내라고
그것도 애비라고 기어들어 왔지

한 며칠 엉겨
뒹굴 수밖에 없는
이 웬수야.

꽃이라 부르지 말아요

꽃이라 부르지 말아요, 버들꽃
부를 때마다 꽃이고 싶어요
꽃이라 불러서
더 서러운 나는,
꽃 속에서 꽃으로 피는
꽃이고 싶어요
당신 발밑에 뿌리내리고
눈길을 먹으며 배시시 웃고 싶어요
다들 왜 그러세요
꽃이라 불러 더 꽃인 척
떠다니게 해 주세요
꽃이라 부르지 말아요, 버들꽃
꽃이라 불러서
더 서러운 나는 버들꽃.

봄봄클럽

스키니 양복바지를 입은 깡마른 나무들이
일렬종대로 서서 구십 도로 허리를 굽혔지
햇살이 조명처럼 팽팽 돌았어
범나비 옷을 걸쳐 입은 내 날개가 들썩이며 벌렁거렸지
어느 꽃밭으로 날아갈까
집 밖이 처음이라고 다소곳 고개 숙였던 목련이
앞섶이 반쯤 풀어졌네
날 때부터 얼굴에 주근깨 덕지덕지 붙은 진달래
얼굴빛이 빨갛도록 마셔 댔나봐
흑수저가 어떻고 금수저가 어떻고
구석쟁이 쿡 박혀 보일 듯 말 듯한 민들레
벚꽃, 개나리들이
여기저기 제 목소리에 취해 눈이 풀렸어
세상이 어찌 돌아가려는지 이른 시간인데도
물 좋은 날이라며 부킹 백 프로라며 미끈한 바람이
내 날갯죽지를 은근슬쩍 잡아끌었지
시선 둘 곳 찾지 못하고 눈알만 뱅글거리다
날개 한번 기지개 켰을 뿐인데
죽지에 눈동자처럼 달라붙은 꽃가루가

너무 무거워 날갯짓도 못했지
너도 피고 나도 피고 꽃들
뛸 준비 되었다고 한꺼번에 들고 일어나
엉덩이만 실룩실룩 댔지.

야탑역 솔로몬

만원에 짝 맞음 무조건 가져가세요. 강한 구레나룻 젊은 사내의 싸다 싸 외침에 아줌씨들 우르르 달려들어 신발 고르는데요. 막걸리 파전집 김 사장도 홍탁집 여인네도 밝은 색에 시선이 꽂혀 주황색 샌들 한 짝씩 서로 들고 다른 한 쪽 이 잡듯 뒤지다가 찾아 달라고 뺏어 달라고 애원하는데요. 이 여자 저 여자 이짝 저짝 모두 뺏어 진열장 서랍 속에 쿡 처박아 버리네요. 닭 쫓던 개 하늘 쳐다보듯 구레나룻만 멍하니 쳐다보는데요. 세 켤레 든 손 번쩍 들며 한 아줌씨가 쥔장을 향해 목청을 자랑하대요. 젠장 방금 처박은 그 신발도 주슈. 양양한 소리로 찬물을 싸하게 뿌리자. 구레나룻 남자가 숨겨 놓았던 신발을 잽싸게 꺼내며 눈으로 윙크를 땅, 땅, 땅.

맛

갸를 을왕리서 만났는디
낚시 갔다 만났는디
하, 고것이 말여
실실 뒷걸음치드기 함시롱도
콧소리 흘리며 따라 올 줄이야
붉은 바다가 실눈 새로 내려다 뵈는
어둑한 온돌방 구석쟁이에
얌전한 암코앵이 맹키로 웅크리고 앉았는기라
갸름한 얼굴에 땀이 비오듯 허고
젖은 눈을 요래 굴리고 조래 굴리고
뜨거운지 엉덩까장 들썩거리드만
물먹은 속살을 치마 밖으로
내밀었다, 넣었다 하는 기라
성질 급한 나가 못 참지라
덥썩,
오매 잡것.

시앗니*

아무도 몰랐어야

말 못하는 내 속이 시큼시큼
까맣게 타들어가도 눈치 채지 못했당게
니가 슬그머니 옆자리에 파고들어 와도 몰랐응게

워쩌것어 그런 꼴보고 사는 내 속이 속이었것냐
볼따구니는 심술보처럼 부풀대로 부풀고
속은 곪아 터지고
시방 이 지경 돼야 버린 걸

새끼덜이 널 멱살 잡아 흔들어 댈 때
뿌리째 뽑아 문 밖으로 동맹이 칠 때, 난 말여
속이 갈기갈기 찢어졌어야
참말여야

썩은 년, 아린 년, 불쌍한 년

니 빠져 나간 빈 자리가 휑하니

우째 이래 욱신거린다냐
맛난 게 한 개도 없다냐

이런 내 속 안다냐 니는

*시앗니 : 사랑니를 첩으로 간주하여 만든 말임

어디쯤 건넜을까, 저 달

성에 핀 북녘 창을 눈물로 지우며
밤 이슥토록 서성대는 이여
밟은 발자국마다 방울방울
별꽃으로 피어나네

낮달같이 허연 늙은 아비 홀로 두고
은하수를 건너던 밤
새끼 기러기 삼팔선을 넘으며
떨어뜨린 노랫소리
처마 끝 아비의 눈물 고드름 되도록 찔러댔지

연어처럼 거슬러 거슬러
두만강을 건널까
압록강을 건널까.

조심하세요

속을 파먹은 알밤이
머리를 밖으로 내밀고 있다

밖으로 기어 나온 밤벌레를 향해
늙은 눈알들 한마디씩 굴리며 간다

어린 것 잘 익은 것 늙은 것
가리지 않고 뜨거운 속을 파먹고 있다

비린 것이 어찌 전생을 기억하고
저리 달고 잘 익은 볕만 먹었을까

주변에 있던 덜 여문 밤들이
얼굴 붉힌 채 앞 다퉈 떨어진다

산이 건 마을이 건 문고리 꽉 잡고
까까머리 밤톨, 밤톨 조심하세요.

변방에서 살아가는 어느 달팽이의 쓸쓸한 삶

무너미 아파트 숲을 꿈꾸는
비에 흠뻑 젖은 집 한 채를 짊어지고요
달동네서 이사 온 늙은 달팽이가
주둥이 실룩거리며 날 때부터 달라붙은
등짐을 떼어내지 못해서요
이리 뒹굴고 저리 뒹구는
어린 달팽이 손을 꼬옥 잡고요
지렁이가 배로 만든 구불텅한 물길을
그것도 길이라고 따라서 걸어가네요
거품을 물고 몸부림치듯이
물 빠진 개천에 이무기 용트림하듯이
천변을 가로질러서 건너가네요
뛰어오는 발자국 소리에
앞서가던 엄마 달팽이가 놀라서요
제 몸을 집 속으로 구겨 넣기 무섭게
몸뚱이 하나로 만들어온 한 생을
지상에서 영원으로 무지개처럼 걸쳐 놓네요
허공을 구르네요
날개 잃은 선녀처럼 어린 달팽이도
더듬이를 펼쳐서 날갯짓을 하네요.

어쩌나,

애비 잃은 제비새끼 두 마리
처마 품에 걸린 집을 지키네
허기진 입 동그랗게 열어 놓고
일 나간 어미만 기다리며 울먹이네

손 내 밀 녀석들을 향해
밤늦은 길 뛰다가 말다가
사탕 포장지처럼 구겨져 있을
어린 새끼들을 위해
걷다가 말다가

도둑 뱀처럼 스며들면
어쩌나,
아무렇지 않게 누워 자는
저, 어린 새끼들.

폐선

파도 소리 가득 채워
수평선 끝을 잘라 버렸네

선착장 귀퉁이에 주저앉아 울어대면
그때마다 터지는 비명

허공으로 날아다니던 파도소리만
윤기 멈춘 속도 위로 쏟아졌지

신음을 삼켜 버린 그런 울음이
갯바람 같은 살 속을 파고들며
마지막이라고,
외마디 고함을 지르라고 꼬드겼네.

문

살아있는 것들은 모두
지울 수 없는 문이 있지요
사랑을 잊지 않는 한
사랑을 버리지 않는 한
문의 존재는 한결 같지요
매년 꽃피는 봄이 되면
눈동자에 등불 하나씩 밝히지요
폐교된 철문 앞에 피어난
한 송이 채송화
나뭇잎 발자국소리만 들어도
깔깔대며 쓰러지듯 피어나지요
고것들 바람 편에 꽃잎 한 장
물고 올 때
문도 열리겠지요.

새 됐어

그 애는 산비탈 밭고랑 기어 다니며 엄마 찾는 뻐꾸기였다지, 버짐 하얗게 핀 도시락 마루에 던져놓고 휘파람새가 되었다지, 햇살이 뒷간 지붕을 넘으면 분꽃 필 때까지 쓰르라미 되었다지, 홀쭉한 책가방에 헌 옷 한 벌 구겨 넣고 가난이 지겹다고 농촌이 싫다고 그 새, 늙은 어미 홀로 두고 훌쩍 날아가 강남제비가 되었다지, 부모 죽고 자식 죽고 빌딩 숲에 숨어 우는 도회지의 비둘기 되었다지, 돌아갈 수 없다고, 밤마다 우는 불여귀가 되었다지, 툼벙되어 썩어버린 가슴 한 켠에 제 어미 묻어놓고 모가지만 길게 빼고 소리도 내지 못하는 나그네새 되었다지, 날 샜다지, 비만 오면 맘 놓고 목 놓아 우는 새 되었다지.

아버지의 집

도로 확장 공사장에 펄럭이는 빨간 깃발,

아버지와 어린 소녀는
어디로 갔을까
텅,
아버지를 헐어서
아랫목에 묻는다

빨간 깃발이 여전히 나부끼는
아버지의 마른 집.

3부

환상통

작둣날에 엄지손가락이 잘려나갔지

밤마다 악몽이 돌아다니는 것은
작둣날에 선혈이 뚝뚝 떨어지던 순간,

어미도 아비도 없었어
어둠만 저벅저벅 걸어와
피를 받아먹고 있었지

고통이 비명을 지르며
혀끝에 찰지게 늘러 붙었어
크기와 모양을 달리한 채
앙칼진 물집을 부풀렸어

비명은 고통의 다른 언어였어

어린 술래

어느 환한 봄밤 어미는
새벽별 밟으며 월담을 해버렸어
유년을 버리고 떠나 버린 치맛자락
괴소문 속에 똬리 틀고 들어 앉아
숨바꼭질하는 술래가 되었지

나 찾아 봐라

돌팔매질하던 발 없는 말들이
보이지 않는 검은 발자국 소리가
물무늬를 지우며
깊은 수렁으로 밀어 넣었어

바람 한 점 들이지 못한 눈에는
벌레들만 우글거렸지

끈적끈적한 망상과
질척한 기억들이 혈관을 타고
뼈마디마다 파고드는지

〉

눈에 암막 커튼을 드리우고
귀엔 운명교향곡 60데시벨로 틀고
우울문에 기대어 술래가 되었지

머리카락 보일라 숨어라
꼭꼭 숨어라 어린 술래야

마지막 여자

꽃이 지기도 전에
열리기 시작한 작은 알갱이들
자궁 속에 숨어 몸을 불렸네

음지에 오랫동안 묻혔다가
이제 막 얼굴을 내민 어린 것들
하나씩 싹을 자르네

마지막 여자를 몸 밖으로 끌어내네
반세기 넘도록 자라난 욕정의 흔적
꽈리처럼 부풀었네

굴곡진 여자의 마침표를
누린내 나는 살덩이로 찍었네

희극의 주인공이 된 채
비극의 조연들을 데리고 사라지네

빈궁이 되어 흘러가며
너덜거리던 부록도 덮어버리네.

아메리카노

너는 내 안으로 난 굴곡진 길을 굽이돌아 천 길 벼랑으로 폭포처럼 굴러 떨어지겠지. 어쩌면 급하게 뛰어내릴지도 몰라. 거친 숨 휘몰아치는 내 뜨거운 심장에서 함께 소용돌이치다가 둥둥 허우대만 멀쩡한 내 허풍선 위를 떠돌기도 할 거야. 어둡고 칙칙한 터널 속을 오랜 시간 더듬어 지나면 썩어 냄새 고약한 늪도 만나겠지. 더 구역질나는 궁창에도 빠질 테고. 살려 달라고 도망치려고 허우적대기도 할 거야. 네가 머무르는 곳이 내 젖무덤 속 별무늬 일렁이는 호수였으면 얼마나 좋을까. 그러면 찰방대는 물속에 비친 슬픈 내 사랑이라도 볼 수 있을 거야. 젖은 눈빛으로 바라보다 살그머니 돌아서야하는 우리의 운명을 믿을 수 있다면 얼마나 좋을까. 오늘도 나는 너의 전신을 호호 불어가며 달랜다.

폐경

시간의 파도 위에 웅크리고 앉아 깜깜한 바다를 둥둥, 허우적거리며 손을 저어 얼마나 먼 길 떠내려 온 것일까. 잔잔한 물위에 잠자듯 포기하기도 소용돌이치는 급물살에 목숨을 던져 본다. 스쳐가는 익숙한 풍경들도 낯익은 얼굴들도 끊긴 필름처럼 기억 저편으로 사라져 이젠 보이질 않는다. 조난 소리를 보내야 한다. 손가락 굳어오도록 움켜잡고 있던 노를 놓는다. 갑자기 구역질이 난다. 오장육부 심하게 뒤틀리던 배가 울컥 뒤집어진다.

말간 해를 낳는다.

말 달리자

몽골 마부와 말(馬)을 주고받으며
나란히 하늘을 본다

바람처럼 떠도는 뿌리를 찾아 온 듯한 마부를 닮은 나는
떨기나무 말라죽는 모래바람 일으키는 사막 언덕을 넘어
노을빛 엉덩방아를 찧으며
들꽃바람이 자지러지듯 초원으로 내달렸다

몽골말은 질끈 동여맨 머리 꼬랑지를 휘날리며
츄츄츄츄 내 말은
말 꼬랑지 휘날리는 몽골말 꽁무니를 킁킁거리며
이랴, 이랴

웃음빛 선한 마부와 난 몸짓으로 말을 하고
눈망울 촉촉한 말에겐 눈짓으로 말을 하며
앞 다리를 쳐든 채 초원을 박차고 날아오르는
서러운 한 쌍의 천마처럼
전생을 한 바퀴 돌고 말매미 껍질 벗듯 이승을 빠져 나와
젖은 날개를 파닥거렸다

글라디올러스

갑자기 내 안으로 뛰어 들었어
그를 밀어 내진 못했지

무겁게 가라앉아 있던 알갱이들이
회오리치더니 부풀어 오르기 시작했지

아무 소리도 들리지 않았지만
오래 전부터 뛰어들기로 작정한 듯
발자국 소리와 흔적도 지웠어

그를 향한 마음의 문은
어쩌면 애초에 없었는지도 몰라

바싹 마른 육체에 잎을 피우고
뻥 뚫린 가슴에 꽃대를
한 대궁 밀어 올리는 걸 보면,

늘 단내로 감싼 향기
이젠 그가 내 몸의 살갗이 되었지.

징검다리

허공에 떠 있는 무지개다리
업어서 건네주던 오랜 세월 저 건너,
손 흔들며 돌아서던
너의 흰 셔츠에 흙물로 그린 그림
동네 어귀 고목나무 아래 눈감고 앉아
노을로 너의 뺨을 덧칠하네
후드득 소낙비가 쏟아지면
우산 없이 뛰어가는
내 발자국 앞에서
언제나 다리가 되어주던
하얀 등짝의 너,
어디로 갔나.

박제된 풍경

액자 속에 걸린 소녀가 먼 하늘 쳐다보고 있네

잠자리 날개에 파문을 그리며
투명한 그림자 하나
혼자 숨바꼭질 하다
날아가 버린 빈 하늘가에 낮달로 떴지

뒷간 지붕 위를 기던 박넝쿨도
외딴집 두고 넘어 가는 해를 따라
발등 푸른 까치발을 들고
아슬아슬 목을 빼며 제 키를 키웠지

번진 얼굴에 저녁연기가 피어오르면
땅거미 가득 고인 눈에서
하얗게 별꽃이 피어났지

까치발로 목을 빼고 기다려도
그림 속 주인은 되지 못하고
〉

손닿을 수 없는 풍경들
액자 속에
하얀 낮달로 뜨네.

외딴집

눈 속으로 솟아오르던
아버지 얼굴이 산비둘기 울음 속으로 사라진다

주름에 덮여버린 웃음기 마른 얼굴이
눈가에 그렁그렁 매달린다
눈길 머무는 곳마다 그림자로 먼저 와
아픈 손을 잡아 흔든다

외딴집 홀로 두고 팔랑팔랑 담장 위로
춤추듯 날아가 버린 하늘
꽃가마 태워달라며
조막 걸음으로 뛰어가던 한 아이

어미를 기다리며 담장 옆에 기대서서
닭똥 같은 눈물만 주먹손에 땟국물로 받아내고
외딴집이 있던 좁은 고샅으로
울음 섞인 바람소리가
무거운 발자국을 말없이 따라온다
〉

꽃상여 같은 봄이 지나가는 한때의 봄날
허공의 만장을 흔들어대는
시골집에 내걸린 찌든 옷들

무서워서 숨어버린 나는
외딴집의 어린 술래였다.

외도

너를 만나러 가는 길은 아득했지
빨간 신호등이 점멸등으로 보였어
밤과 낮 사이에 있는 가변차선 같이
횡단보도 선도 보이질 않았어

너에게 가는 길에
신호등이 이렇게 많은 줄 알지 못했어
갈 수도, 되돌아 갈 수도 없는 길
한 달 정지면 가능할까
잊어버린다는 건,
이 정도 인연에서
바리게이트를 치라는 거겠지.

금서(禁書)에 들다

뜨거워 몸
푸르르 턴다
초록치마 벗어 깔고
비스듬 눕는다
옷고름 슬며시 풀고
속치마 사이로
솜털 보송한 흰 속살
살짝 드러내고
손가락 사이로
선홍빛 웃음을 흘러 보낸다
봉긋한 젖가슴과 벌어진 꽃술이
찰나로 스쳐 지나간다
지글거리던 해
서산마루에 한쪽 발 걸치도록
엉덩이 치켜들고 서 있다
꽃술에 침 흥건히 발라놓고
눈 풀린 벌한 마리
속살을 더듬는다.

가뭄

물 넘치도록 받아놓고
갈라진 사랑을
푹,
불려봅니다

사이

그와 눈빛이 교직되는 순간
쿵, 소리를 내며 소름이 솟구쳤다
허공이 출렁대며 뒤로 물러났다
사이를 무너뜨리려고 성큼 다가선 민들레꽃
그의 얼굴이 사람처럼 생긴 것을,
그가 말을 한다는 것을
그의 몸 위에 돋은 홀씨를 보고 알았다
해독할 수 없는 말을 뱉어내고
알 수 없는 몸짓으로 벽화를 그렸다
그와 나 사이가 난독증으로 인해 흔들렸다
아주 잠깐 사이,
그와 나의 눈물이 흘러갔다.

술자리

불 꺼져 차가운 방에 달빛을 들여놓고
술잔에 처박힌 시름을 덮고 드는 잠
아비 무덤 앞에서 버석거리는 떡갈잎을 주우며
산등성 노을을 따라 넘어간다
길을 헤매며 휘청거리는 대낮
퇴주잔에 메아리는 넘쳐났지만
어디에도 술자리는 보이지 않는다.

산동네 풍물패

깨갱 깨갱 깽깨갱
대문 앞에서 산수유꽃이 꽹과리를 친다
주인 문 여소 봄 들어가니 문 여소
문 안 열면 갈라요
노란 꽹과리를 두드리며 산수유꽃이
산동네 풍물패를 끌고 와 노래를 한다
산수유 머리에 뒤집어쓴 벙거지에서는
구름꽃이 모였다 흩어졌다 한다
민들레소년 복사꽃소녀 개나리처녀 벚꽃총각
너도 나도 쿵따쿵 쿵따쿵따 쿵따쿵
엉덩인 실룩실룩 어깨춤은 덩실덩실
붉게 물든 잇몸까지 드러낸 채
북 치고 장구를 친다
팽이처럼 팽글팽글 도는 상모는
봄을 때리고 돌리고 돌린다.

4부

죽음이 묻는다

그녀 몸에 채웠던 울음통이
환청으로 되돌아왔다

육신을 끌던 한쪽 다리와
두 눈을 반쯤 닫은 채

몸뚱이로 먹고사는 것에 익숙해져
무거운 시간들을 이고지고
헐거워진 남루를 조여 가며

구름처럼 떠도는 길 위에서
때로는 길 밖에서 지팡이도 없이

한숨조차 쏟아 넣지 못한 진공관 속에서
무언의 몸짓으로
무형의 울음으로

엎치락 뒤치락 눌렸다 눕혔다
이리 뒹굴 저리 뒹굴 때마다
울음이 허상을 흔들었다
허상이 울음을 흔들었다.

모노드라마

방 한 칸의 주인공이 된 그녀
날마다 대사 없는 삶의 연습을 펼칩니다
관객은 전동침대와 욕창 매트,
생명을 연장시켜 준다는 고단백 영양 캔들뿐입니다

살아있다는 건 흐느낌인데
흐느낌은 오직 그녀의 비명뿐입니다

그녀의 비명은 어떤 긴급전화 같은 독백일까요
보이지 않는 손이 옆에 바짝 붙어
주인공인 그녀를 채근하며
고달픈 무대를 내려가라고 하는 걸까요

움직일 수 없는 몸은 두렵습니다
살아있음을 알려주는 비명이 때때로
공회전할 때가 많습니다

입에서 항문까지 물 한 모금이 돌아들면
한 모금만큼 생의 길이로 늘어나는 듯합니다

〉

얼마간 악착을 떨어야 한 마디의 굴레가
유순하고 편안하게 넘어갈까요

침대 머리맡엔 약병들이 진을 치고
목숨 줄에 매달린 비명은
신이 베푼 잔인한 자비입니다.

홍시가 사는 방

검버섯 핀 늙은 감나무 꼭대기에
까치밥을 차린 홍시가 혼자 살고 있다

아프다고 우는 홍시를 본 적이 없다
까치가 부리로 옆구리를 파먹어도
발톱으로 정수리를 움켜잡아도
벌건 잇몸을 내보이며 웃는 홍시

스스로 상처를 삭히는 슬픔

그녀는 링거를 매단 채 가느다란 생을 지킨다
줄줄이 엉킨 목숨 줄과 링거 사이
위태로운 외줄 위에서도 텅 빈 잇몸으로 웃는다

목숨줄이 쪼글쪼글 자지러들 때마다
물컹한 비명을 몸 밖으로 밀어낸다

까치들이 쪼아댄 등짝에서
붉은 진물이 눈물대신 흘러내린다

삼킨 눈물이 울컥거리며 항문으로 쏟아진다

붉은 똥 한 덩어리가 까치 부리에 묻은 핏물을 닦아 준다

이제 더는 쪼아 먹을 몸이 없다.

그늘이 자라는 시간

낡은 침대를 끌고 간다
저편으로 보낼 수 없다고
한 숟가락이 한 숟가락을 밀며
뼈만 앙상한 네다리로 꽉 버티는 낡은 침대

한 발짝만큼
생명줄 늘어나는 희망을 보태며
한 숟가락만 더 받아 달라고

한 생이 뱀 껍질 벗듯
한 번 뛰고 세 번 멈추며 고행을 한다
한 생이 애걸을 한다
제발 한 발짝만 더 뻗어가라고.

물속의 마른 몸

그의 눈동자는 젖지 못하고 정지해 있다
먼 저쪽에서 눈물을 데리고 건너 왔다
홍초처럼 달뜬 꽃이 아닌 박꽃이어서

달아나려고 발버둥 치다가 물컵을 여러 번 엎었다
밤이어도 뿌리 하나 유성우로 내리지 못했다
신새벽 양철 지붕 위로 쏟아지는 장맛비도 아니었다
초봄에 온몸을 뜨겁게 훑고 가는 봄비도 아니었다

문 안쪽 비명으로 뒤척이다
문밖 잦은 한기에 쿨럭이다
눈물방울 달고 먼 하늘로 가버렸다

물기 없는 눈은 감겨도 감기지 않는다.

수묵화 당신

내가 누구여
몰러 모른다니께

뒤집어쓰고 살던 탈을 어디다
훌러덩 벗어던지고
눈망울 순한 가축이 되었나요
기억 끝에 박혀 빠질 줄 모르는 상처만 곱씹으며
되새김질하게 하나요

당신 뼈들은 주저앉고요
골짜기엔 그늘 깊은지 오래인데요
해바라기처럼 꺾인 목으로

빛을 쫓아 몸을 말리나요
실오라기 같은 빛으로 추억만
하루하루 굴리나요

도무지 내력을 감추고 있는 당신은
내가 궁금하긴 하나요
내가 알던 사람이긴 하나요
수묵화로 피기는 하나요

잎새의 노래

뒤돌아갈 수 없는 외나무다리야

갈바람 일제히 기립 박수를 치네
연극이 끝났다고
벗들 하나 둘 본향으로 돌아가는데
혼자 남아 꿈쩍하지도 않아

붉은 완장이 누렇게 변했어
덫에 걸린 새같이
뭉개진 날개만 푸덕거리네

거미줄에 날개를 떼어 붙이고
죽음 문턱으로 들어가려는 듯,
눈 속에 알을 슬어놓고
후생으로 환승하려는 듯,
마지막 너울춤에 윤기까지 흘리네

조팝나무

밥솥 귀퉁이에 뿌려 두었다가
병색 깊은 지아비 밥그릇에 얹어주면
문틈으로 기어들어온 저녁햇살이
석양을 자르르 끌고 왔지

치매 든 옷고름 풀어 헤친 울 엄니
시렁 위 소쿠리에 담긴 보리밥처럼
조팝나무를 부둥켜안고 병실을 굴러다니네

뻐꾸기 울음만 이따금 맴돌다 가는
산그늘 깊은 요양병원 뒤뜰에서
봄빛 모락모락 피어오르는 꽃밥을
주섬주섬 꺾어왔네
하얀 쌀밥을 고봉으로 담아왔네

엄니,
입술에 밥태기가 붙었어라우.

갈 때

내려앉은 구름 속으로
늙은 갈대가 흰머리 풀어 헤치네
까치발로 도리질하며
앙상한 뼈 마디마디에서 신음소릴 토하네

뒷산 그늘에 숨어 우는 뻐꾸기 소리에
잿빛 물이 들고
왁자하게 모여든 까치 울음소리도
누런 베옷을 걸치고 서성대네
들락거리던 바람의 날갯짓조차 숨을 죽이네
시계 초침 돌아가는 무거운 해거름이
북녘 하늘에 노을을 걸어두네
영생원 까마득한 굴뚝에서 피어오르네
위험한 경계에 발목 잡혀 가지도
오지도 못하는 잔인한 시간
달빛 푹 패인 발자국을 따라 하늘길 나서고 싶어
맨발로 몇 번이고 몇 번이고 문고리를 잡네
칼바람도 뒤따라 넘어가네
흐느끼던 얇은 그림자 하나
입 벌린 채 잠이 드네
숨이 아직도 뜨겁네.

기저귀 가는 시간

탯줄을 자르던 그날부터
빳빳한 말뚝으로 어우실댁은
흙속에 꽂혀 살아왔다
한때는 벙근 아랫도리를 벌려
나비처럼 들락거리기도 했지만

치마 속 감춰진 엉덩짝에 살점하나
손마디 지문하나 없이 엎드려 있다
가난에 발목 잡혀 끌려온 그녀

말라 쭈그러진 대추알이 되었다
삭아 늘어진 팬티 위로
대추나무에 달라붙어 우는
쓰르라미 껍질처럼
말랑말랑한 맨살이 졸아들었다.

방치된 별

하늘 문이 열렸는가
별 하나가
살아 있다고 반짝이네

기억을 매단 눈꺼풀이
빛나던 물방울을 방출하고
심장은 쿵쾅거리며
한때를 모으고 있네

알맹이도 껍질도 아닌
운석 하나 손에 쥐고
꿈틀,
하늘 모서리에만 살아 있네

저승사자도 냄새나서 돌아서는
방치된 별 하나.

고별무

하늘에 성근별로 그물망을 쳐놓고
이따금 떼로 몰려온 양떼구름과
파란 이승을 내달리는지
바람에 흐느끼는 꽃잎으로 흔들리네

비루먹은 시절이
떨어져 내린 가난을 꿰어
수의 대신 걸쳤네

너무도 아뜩해서
마지막 말이 달려오질 못하네
허공을 맴돌다
어딘가로 사라져 버리고 말 한 생이
하얗게 질려있네

흰 나비 한 마리 며칠째
날아가려고 날개를 파닥이네.

마취에 들다

요단강 강가에 섰다
감은 눈으로 검푸른 강 속을 가늠해본다
끝이 보이지 않는 아스라한
강 저편은 알 길이 없다
고통스러워도 얼굴 표정 변하지 말자
개구리헤엄이라도 쳐서 건너가자
누군가 두고 간 나룻배 있거든
노 한번 저어 보자
힘에 부쳐 물에 잠겨 버리면,
허기진 물고기들에게 내 장기
한 부위씩 먹게 하자

독백 같은 잠꼬대가 수액을 타고
혈관 속을 돌 때,
마취에 든다.

장례식장

하루 종일 비가 왔다
조화가 눈물을 뚝뚝 흘리며
헐레벌떡 들어설 때마다
목에 두른 이름표가 키를 재는 듯
제 자리를 빠르게 찾아간다
고개 빳빳하게 들고 앞에 섰던 녀석이
슬그머니 뒤로 밀려 금세 풀이 죽어간다
저승 문 앞을 지키는 호위병 조기들조차
서로 밀치고 제치고
까치발까지 세워 발돋움한다
고개를 빼고 가슴을 내밀며
이마에 붙인 이름을 보이려고
영정 앞에서 쌩쇼를 하고 있다.

오갈병

그녀가 시집오던 해 대추나무도 함께 심었다
태풍에 뿌리가 허옇게 뽑혀 몸이 한 쪽으로 기운 채
뒤틀어진 다리로 절뚝거리며 살았다
끌려 다니는 다리를 세우려고 억지를 부리기도 했다
바람에 머리감듯 풀어헤친 대추나무
흠씬 뒤집어쓰고 남은 농약병
발밑에 주검처럼 쌓였다
오래전부터 몹쓸 병을 앓았는지
곡예를 하듯 저승 줄을 바꿔 잡은 것은 아닌지
주변으로 모여든 바람이 술렁댔다
잿빛 허공을 때리는 소리가
이승 길 적막을 얼음 깨듯 깨트렸다
붉게 늙어가던 대추 한 알
가벼운 바람에도 툭, 떨어졌다.

환절기가 달려온다

전화벨이 울린다
순식간에 너울성 파도가
방을 덮친다
신새벽 응급실 앞에는
구급차들이 경광등으로 아침을 돌리며
경계를 서고 있다
아흔의 시아버지는
광주 119소방차를 타고도
얕은 갈마고개를 못 넘고
이 세상 경계를 홀로 넘어가셨다
밤이 얼었는데 왜 이리 안 오냐고
언제 오는 거냐고
영감님 영정 사진 끌어안고
대문 열고 나간 치매 든 시어머니는
경찰차를 타고 환절기의 아침을 맞는다

엄니, 이번이 열 번 째랑게.

고초당초

고집이 매콤하게 풍긴다
탄저병 든 몸 한 구석이 썩어간다
빨갛게 물들다 말고 주저앉아
왜 하필 나냐고 소리를 지른다
요양원가서 생긴 고초당초의 욕창
생고생했다고 혀를 끌끌 찬다
복지관가서 땡감 같은 영감 만났다고
틀니 뺀 잇몸을 삐죽삐죽
세상에 못 고치는 병이 어디 있냐고
약발이 안 먹히는 게 말이 되냐고
고추는 고추요 병은 병이라
오뉴월 땡볕에 온 세월 맡긴 채
상추처럼 야들하던 마음이
빨갛게 고집을 피며 막무가내 익어간다

마른 눈물이 고추씨처럼 흩날린다.

■□ 해설

해학에서 죽음까지의 통합적 세계관

박현솔(시인, 문학박사)

무지개는 다채로운 색깔로 아름다움을 드러내지만 하나의 빛이 내는 강렬함은 없는 편이다. 그러나 무지개와 같은 시집은 하나의 유형으로 된 시집보다 다양한 유형을 접하게 해주어서 독자에게 읽는 재미와 감동을 배로 줄 수가 있다. 이혜민 시인의 두 번째 시집 『나를 깁다』는 무지개와 같은 시집이라고 할 수 있다. 해학성과 에로티시즘, 대상과 사물의 재발견, 죽음의 탐색 등 주목할 만한 요소들을 다양하게 가지고 있다. 이 시집의 몇몇 시들은 사투리를 활용한 독특한 전개로 시에 긴장감을 부여하며 재미를 더하고 있다. 이렇게 다양한 유형을 변주할 줄 아는 능력은 창작을 하는 사람이라면 탐나는 재주이기도 하다.

이혜민 시인의 시에 나타나는 해학성은 봄에 만발하는 꽃들의 만개를 드러내는데 흥겨움을 더해주고, 신발장수의 위선적인 행동을 지적하는 순간 익살스러운 웃음을 자아내게 하는 효과가 있다. 그리고 클럽에서의 다양한 인물들이 벌이는 갖가지 행태들이 밉상으로 보이지 않게 하고, 사랑니의 발치를 첩에 빗대어 표현한 것도 자연스럽게 읽히는 특징이 있다. 즉 사물과 대상에 대한 시인의 따뜻한 시선이 바탕에 깔림으로 해서 겉으로 드러난 것과 감춰진 것 사이의 어긋남에서 오는 해학성이 이번 시집에 활기를 더해주고 있다.

①

깨갱 깨갱 깽깨갱
대문 앞에서 산수유꽃이 꽹과리를 친다
주인 문 여소 봄 들어가니 문 여소
문 안 열면 갈라요
노란 꽹과리를 두드리며 산수유꽃이
산동네 풍물패를 끌고 와 노래를 한다.
산수유 머리에 뒤집어쓴 벙거지에서는
구름꽃이 모였다 흩어졌다 한다
민들레소년 복사꽃소녀 개나리처녀 벚꽃총각
너도 나도 쿵따쿵 쿵따쿵따 쿵따쿵

–「산동네 풍물패」 부분

②

집 밖이 처음이라고 다소곳 고개 숙였던 목련이
앞섶이 반쯤 풀어졌네

날 때부터 얼굴에 주근깨 덕지덕지 붙은 진달래
얼굴빛이 빨갛도록 마셔 댔나봐
흑수저가 어떻고 금수저가 어떻고
구석쟁이 쿡 박혀 보일 듯 말 듯한 민들레
벚꽃, 개나리들이
여기저기 제 목소리에 취해 눈이 풀렸어
세상이 어찌 돌아가려는지 이른 시간인데도
물 좋은 날이라며 부킹 백 프로라며 미끈한 바람이
내 날갯죽지를 은근슬쩍 잡아끌었지

– 「봄봄클럽」 부분

③

만원에 짝 맞음 무조건 가져가세요. 강한 구레나룻 젊은 사내의 싸다 싸 외침에 아줌씨들 우르르 달려들어 신발 고르는데요. 막걸리 파전집 김사장도 홍탁집 여인네도 밝은 색에 시선이 꽂혀 주황색 샌들 한 짝씩 서로 들고 다른 한 쪽 이 잡듯 뒤지다가 찾아 달라고 빼어 달라고 애원하는데요. 이 여자 저 여자 이짝 저짝 모두 빼어 진열장 서랍 속에 쿡 처박아 버리네요. 닭 쫓던 개 하늘 쳐다보듯 구레나룻만 멍하니 쳐다보는데요. 세 켤레든 손 번쩍 들며 한 아줌씨가 권장을 향해 목청을 자랑

하대요. 젠장 방금 처박은 그 신발도 주슈. 양양한 소리로 찬물을 싸하게 뿌리자. 구레나룻 남자가 숨겨 놓았던 신발을 잽싸게 꺼내며 눈으로 윙크를 땅, 땅, 땅

–「야탑역 솔로몬」 전문

④
새끼덜이 널 멱살 잡아 흔들어 댈 때
뿌리째 뽑아 문 밖으로 동맹이 칠 때, 난 말여
속이 갈기갈기 찢어졌어야
참말여야

썩은 년, 아린 년, 불쌍한 년

니 빠져 나간 빈자리가 휑하니
우째 이래 욱신거린다냐
맛난 게 한 개도 없다냐

이런 내 속 안다냐 니는

*시앗니 : 사랑니를 첩으로 간주하여 만든 말임

–「시앗니」 부분

위의 시들에서 공통적으로 나타나고 있는 것은 해학성을 드러내는데 유용하게 작용하는 대화체를 사용하고 있는 점이다. 특정한 상황을 주도적으로 이끌어가는 화자와 청자가 존재하고, 더 나아가 등장인물이 발언하는 극의 형식을 갖추고 있다. 이러한 해학이 누군가를 통해서 표면적인 것과 이면적인 것 사이의 모순이 지적되면서 효과가 극대화되기 때문이다.

이들 등장인물들은 특정한 상황을 놓고 갈등을 벌이는데 ①에서는 풍물패인 봄꽃들과 주인이 문 안으로 들어가는 것에 대해, ②에서는 클럽의 바람잡이가 "나"에게 부킹을 주선하겠다고 실랑이를 벌이는 것에 대해, ③에서는 가게의 사장과 손님이 물건을 쟁탈하려는 것에 대해, ④에서는 사랑니와 화자가 헤어지는 것으로 갈등이 생긴다. 이러한 여러 상황에 적절한 해결책을 제시하는 과정에서 모순들이 드러나고 이를 지켜보는 관객들은 슬며시 웃지 않을 수가 없다. 이때의 웃음은 이 갈등들이 심각한 것이 아니라 서로에 대한 조금의 배려만 있다면 금방 해결될 수 있는 것이라는 판단에 따른 웃음이다.

해학은 언어적 표현에만 머무는 것이 아니라 화자와 인물들의 태도, 동작과 말씨 등에서 나타나는 것이므로 성격적이고 기질적인 것이라고 할 수 있다. 그렇다면 그 화자를 창조한 시인 이혜민은 기질적으로 해학적 성격이 농후한 사람이고 일상에서 감지되는 모순과 부조리를 그냥 지나치지 않는 사람이라고 할 수 있다. 그리고 삶을 짓누르는 다소 무거운 화제를 가볍고 경쾌한 것으로 변환시킬 줄 아는 능력의 소유자인 것이다.

이혜민의 시에서 가시나의 전라도 방언인 '가시낙년'을 벌레화한 것과 감기를 이르는 옛말인 '고뿔'을 에로티시즘의 상상력으로 극대화시켜서 표현한 것 그리고 생선을 여자로, 고추를 남성 생식기에 빗대어서 에로티시즘에 접근한 것 등이 그렇다. 그리고 표현과 문체의 면에서 특징적인 것은 전라도 사투리와 에로티시즘이 농후한 시적 이미지를 결합시켰을 때 시가 난하지 않고 건강한 에너지를 발산하는 것이다. 또한 인위적인 스토리나 사건이 아니라 시인이 체험한 일상과 사물과 대상의 자연스러운 연결로 인해서 밀고 당기는 묘미와 감칠맛나게 표현한 언어의 조화가 있다.

①
바람이 키운 가시가
가시집 속에 들어 앉아
밤마다 궁굴리는 밤벌레가 되었지

사내 속만 파고드는 가시낙년이 되었지.

—「가시낙년」 부분

②

숨죽여 가며 우는 이불 속에서
으득득 이빨 사이 기어 나온 신음 소릴
누가 들었을 것인가

이년 저년 빈대 붙어 살면서
펄펄 끓는 품속은 어찌 알고
곧 죽어도 안 죽는 사내라고
그것도 애비라고 기어들어 왔지

한 며칠 엉켜
뒹굴 수밖에 없는
이 웬수야.

—「고뿔년」 부분

③

붉은 바다가 실눈 새로 내려다 뵈는
어둑한 온돌방 구석쟁이에
얌전한 암코앵이 맹키로 웅크리고 앉았는기라
갸름한 얼굴에 땀이 비오듯 허고
젖은 눈을 요래 굴리고 조래 굴리고

뜨거운지 엉덩까장 들썩거리드만
물먹은 속살을 치마 밖으로
내밀었다, 넣었다 하는 기라
성질 급한 나가 못 참지라
덥썩,
오매 잡것.

— 「맛」 부분

④

고추농사 못 지었다고 동네 사람들이 쑤근거려야
내년에 또 하믄 당장 서울로 모시고 올랑게요
가물어도 엄니 아부지가 새벽마다 물대중게 괘 얀혀
그만 하랑게요 그라다 병들믄 어쩐다요
물 모지라믄 거시기도 쬐깨 쯔끄리고 그랑께 괘 안탕게
큰 아덜 고추 값도 못하고 있는디 그런 말 또 하요
다른 집 고추보다 깔도 조쿠 매운맛도 겁나당게
딸딸이도 못 치는 딸딸인디 그라믄 뭐한다요
뭐니뭐니 혀도 느그 아부지 고추가 최곤거 니도 알랑가 몰러
그만 하랑게요 씨고추 하나 맹글지도 못함시롱.

–「고추패설」 부분

⑤

솜털 보송한 흰 속살
살짝 드러내고
손가락 사이로
선홍빛 웃음을 흘러 보낸다
봉긋한 젖가슴과 벌어진 꽃술이
찰나로 스쳐 지나간다
지글거리던 해
서산마루에 한쪽 발 걸치도록
엉덩이 치켜들고 서 있다.
꽃술에 침 흥건히 발라놓고
눈 풀린 벌 한 마리
속살을 더듬는다.

–「금서(禁書)에 들다」 부분

이혜민 시인이 채택한 전라도 사투리의 걸쭉하고 찰진 표현이 에로티시즘과 결합하면서 독자의 시선을 더욱 끌어당기고 관심을 집중하게 만든다. ①에서 가시네를 가리키는 사투리인 "가시낙년"은 젊은 여성을 부르는 호칭으로 이것을 '벌레'로 비유한 것이 새로움을 환기시킨다. 가시를 키우는 벌레는 사회적 금기와 제약에 갇혀 사는 여성을 의미하고 그녀가 자신의 존재성을 드러내기 위해서 선택한 것은 "밤마다 궁굴리는 밤벌레"가 되어 "사내 속만 파고드는" 에로티시즘이다. ②에서 한겨울에 "귀신 새처럼" "기어들어"와서 "한 며칠 엉켜" "뒹굴 수밖에 없는" "웬수"가 "고뿔"임을 알게 되면 그 천연덕스러운 발상에 감탄하지 않을 수 없게 된다. ③에서 화자는 낚시를 갔는데 한 여자가 자기를 따라와서 끝내 유혹했다고 말한다. 그런데 그 여자가 물고기인 것을 눈치 채는 순간 독자들은 감쪽같은 위장을 가능하게 한 시인의 상상력에 혀를 내두를 수밖에 없다. ④에서도 일반적인 아버지와 딸의 대화라고 할 수 없는 말들이 오가고 있는데, 화자의 아버지가 고추농사를 짓는다는 것을 알게 되면 의도가 읽히면서 자연스럽게 드러나는 에로티시즘에 미소를 짓게 된다. ⑤에서 야한 장면을 연출하는 주연은 벌과 꽃이고 이를 돕는 조연은 산마루와 해이다. 이는 세상 모든 만물이 음양의 조화 속에서 순리를 따르고 있음을 의미한다.

이혜민 시인의 이번 시집에 나타나고 있는 에로티시즘은 첫 시집의 연장선상에서 해석될 수 있다. 에로티시즘은 자신의 존재성을 드러내고자 할 때, 타인과의 관계에 있어서 불균형을 보여주고자 할 때, 사회적 금기와 터부를 초월하고자 할 때 등에서 다양한 의도를 지닌다. 이혜민 시인의 경우에는 주로 자신의 존재성을 드러내기 위한 방법으로 에로티시즘을 활용하고 있다.

대상과 사물에 대한 인식은 한 순간에 바뀌지 않는데 개인의 편견을 깰 수 있는 조건은 사물과 대상의 이면을 보여줄 때 가능해진다. 드러난 의미와 내포된 의미가 충돌하면서 새로운 의미를 이끌어낼 때 기존의 인식은 새롭게 재탄생한다. 이혜민의 시에서 사물과 대상은 기존의 의미가 아닌 새로운 이면을 보여주는데 "밤톨"에서 자신의 육신을 바라보거나 '두더지 게임'에서 한 여자를 바라보는 것이다. 그리고 인생의 길을 잘못 알려주는 대상을 "네비게이션"으로 비유하고, 숫자 "8"의 의미 너머에 있는 "팔자"의 또 다른 의미를 비춰주는 것이다. 이러한 대상과 사물의 재발견은 상징을 통해서 재현되며 주제의식을 비춰주는 대상이나 사물을 적절하게 배치하여 상징을 구도화하는 데 기여하고 있다.

①
나도 한 때 이랬지

내가 유영하던 어머니 자궁 속,
수천 뼈마디 열고 있는 밤송이를 보면서
내 첫 울음 소리를 듣는다
여물지 않은 발톱까지 힘 모아

그 캄캄하고 좁은 질곡을
어떻게 헤집고 건너 왔는지
<중략>
첫 울음을 풀숲에 떨어트린 채
체온도 식지 않은
따뜻한 알밤을 손바닥에 올려놓고
작은 핏덩어리, 내 육신을 들여다본다.

– 「밤톨」 부분

②

여자는 숨을 길게 내뿜었다. 주머니 속에 멋대로 굴러다니는 추억 한 잎. 이제는 떠나보낼 결심이 선 듯 사내 옆구리에 찔러 넣었다. 목울대를 타고 넘어 오는 울렁증을 지그시 깨물었다. 눈에 핏줄 세우고 노려보았다. 낯선 얼굴이 빳빳하게 고개를 쳐들 때마다 손을 멈칫거렸다. 돌아앉은 기억들이 사내 옆에 달라붙어 한사코 밀어내기라도 하는지 허공을 향해 헛손질만 해댔다. 사내가 숨바꼭질하듯 숨어버릴 때까지 눈앞에 어른거리던 얼굴이 뭉개질 때까지 헛손질만 해대던 여자는 방망이를 던져 버리고 어두워진 골목 안 텅 빈 구멍으로 들어가 버렸다.

–「두더지 게임」 전문

③

목적지가 어디일까
어디로 가야 할지
어디로 가는 건지
어쩌다 여기까지 와 버린 것일까
바른 길을 안내하는 소리를 따라
빠른 길을 유도하는 신호를 따라
자꾸만 곡선 길로 몰아붙였지
어두운 터널을 숨 막히게 빠져 나와
진창길 자갈길 구비 돌아
잡풀만 우거진 비포장 길 여기,
이쯤에 내 인생을 붙잡아 세웠지
뒤를 돌아 봐도
앞을 내다 봐도 끝이 보이지 않는
후진도 전진도 하기 힘든 길 위에서
산비둘기처럼 목 놓아 울었어

너를 만나지 말았어야 했어.

–「네비게이션」 전문

④

꼬꾸라져도 뒤집어져도 똑같은 8자
돌아가도 모로 가도 만나지는 8자
힘들다고 투덜대며
자리를 바꿔 봐도 변하지 않는 8자

〈중략〉

덜 여문 옥수수 알 보듬듯이 껴안고 살까
팔자,
다른 숫자들을 한 번도 본적 없는 듯
지아빈 하늘이요 지어민 땅이라네

팔팔, 팔팔한 삶
그 어미에 그 딸 역시 팔팔한
이년의 8자.

-「팔자타령」 부분

①에서 화자는 풀숲에 떨어진 "밤톨"을 보면서 어머니의 자궁으로부터 나온 자신의 존재를 생각한다. 밤송이의 생성과 자신의 출생을 통해서 나는 왜 이 세상에 내던져졌을까 하는 존재론적 의문을 갖는다. 화자가 바라보는 세상은 "시련"과 "소용돌이"의 삶이고 가늠할 수 없는 베일에 쌓여있다. 그러한 세상에 툭하고 내던져진 밤톨의 존재

는 화자의 존재와 겹쳐지면서 상징적 의미를 드러내게 된다. ②에서 남자는 떠나보내야 할 존재로 인식되는데 "눈에 핏줄 세우고" 노려보며 그를 "떠나보낼 결심"을 하지만 "허공을 향해 헛손질만" 하는 여자는 아직 마음과 행동이 일치하지 않는 것을 알 수 있다. 사내의 얼굴이 뭉개질 때까지 방망이를 휘두르지만 사내는 "숨바꼭질"을 하듯이 숨어버려서 여자가 방망이를 휘두를 이유를 상실한다. 결국 "여자는 방망이를 던져 버리고" 골목 안 텅 빈 구멍 속으로 들어가 버린다. 이들의 관계는 상호적이지 않고 일방적이며 어긋남이 예정된 인연이다. 이러한 삶의 모습은 왠지 "두더지 게임"과 닮아 있다. 갑자기 출몰하는 두더지를 잡기 위해 방망이를 휘두르는 것과 손에 잡히지 않는 존재를 하염없이 쫓다가 지쳐서 포기하는 남녀의 모습이 비슷하다. ③에서도 남녀의 사연이 두더지게임과 비슷하게 흘러가고 있는데 이것은 "너를 만나지 말았어야 했어"라는 한 문장에 고스란히 드러나고 있다. "앞을 내다 봐도 끝이 보이지 않는" 상황과 "후진도 전진도 하기 힘든 길 위"에 놓여있는 상황은 내 의도가 아닌 "너"의 의도 때문임을 자각하자 울음이 쏟아진다. 화자는 이것이 "바른 길" "빠른 길"을 쫓아온 결과라고 생각한다. 하지만 세상에 그런 길은 존재하지 않는다는 듯이 온갖 험한 길들이 그녀를 지치게 만든다. 애초에 그녀가 생각했던 "목적지"가 어디인지 "어디로 가야 할지" 알 수 없는 상황에 이르고 보니 "이쯤에 내 인생을 붙잡아" 세운 건 "너"의 잘못도 있지만 나의 의지가 반영된 것임을 부인할 수가 없다. ④는 "8자"와 "팔자"의 동음이의어를 활용한 언어유희로 "꼬꾸라져도 뒤집어져도" "돌아가도 모로 가도" "힘들다고 투덜대며" "자리를 바꿔 봐도 변하지 않는" "팔자"의 운명론적인 화두에 대해서 "지아빈 하늘이요 지어민 땅"이라는 세상의 잣대를 들이민다. 이와 함께 "그 어미에 그 딸"이라는 대중적인 상징도 드러나고 있다.

죽음에 대한 화두는 지극히 개인적인 체험에 근거할 수밖에 없다. 죽음을 경험한 것을 설명할 수 없고 죽음은 이런 논리에 의한다고 말할 수도 없으니 인간 실존이 경험하고 종료시켜야 하는 어떤 프로그램 같다. 그러나 현존재가 죽음에 잠기는 것과 죽음을 건너가는 과정과 죽음 후의 과정을 가족들은 모두 보고 느끼면서 간접적으로 경험하게 된다. 그렇게 죽음에 대한 화두는 가까운 사람들로부터 전해져서 현재의 정의에 이른 것이라 생각된다.

한 인간의 죽음은 그 자신의 삶의 의미를 찾는 것과 결부되고, 가족 일원의 죽음은 관계라는 카테고리 속에서 그 의미가 다각도로 포착된다. 인간의 죽음은 생의 종결을 통해서 완성을 이룬다는 의미가 있으나 가족의 죽음은 완성의 의미보다 아쉬움과 안타까움에 집중되기 마련이다. 시인에게 있어 죽음은 존재 의미를 찾는 것에서 한발 더 나아가 삶과 죽음의 이중적인 의미까지 확대해서 살피려는 의도를 갖는다. 더욱이 부모에 대한 사유는 유년의 기억으로부터 퍼올려질 가능성이 있고 죽음에 대한 의미가 확대되어서 슬픔과 아쉬움도 배가될 수 있다.

①
햇살 바늘이 살갗을 뚫고 들어오며
박음질부터 해댄다
담장 밑에 웅크리고 앉아 있는
유년의 얇은 천과
날고 싶어 하는 날개가 청춘을 누비며
한 벌 몸뚱이를 깁는다
어디를 가나 모습과 질감이 똑같은,
어지간한 오염에도 물들지 않는 원단
늘 빡빡 문질러서 빨아야하리
그러나 따뜻한 손길이나 입술엔 취약해
고문 단속을 당하기도 한다
나를 가리고 있는 천을 수선할 때마다
빗방울처럼 떨어져 번지는 눈물
무명의 노루발로 박음질을 하는
난, 한 폭의 생을 깁는다.

–「나를 깁다」 부분

②

액자 속에 걸린 소녀가 먼 하늘 쳐다보고 있네

잠자리 날개에 파문을 그리며
투명한 그림자 하나
혼자 숨바꼭질 하다
날아가 버린 빈 하늘가에 낮달로 떴지

〈중략〉

까치발로 목을 빼고 기다려도
그림 속 주인은 되지 못하고

손닿을 수 없는 풍경들
액자 속에
하얀 낮달로 뜨네.

–「박제된 풍경」 부분

③

내가 누구여
몰러 모른다니께

뒤집어쓰고 살던 탈을 어디다

홀러덩 벗어던지고
눈망울 순한 가축이 되었나요
기억 끝에 박혀 빠질 줄 모르는 상처만 곱씹으며
되새김질하게 하나요

〈중략〉

도무지 내력을 감추고 있는 당신은
내가 궁금하긴 하나요
내가 알던 사람이긴 하나요
수묵화로 피기는 하나요

–「수묵화 당신」 부분

④
뒷산 그늘에 숨어 우는 뻐꾸기 소리에
잿빛 물이 들고
왁자하게 모여든 까치 울음소리도
누런 베옷을 걸치고 서성대네
들락거리던 바람의 날갯짓조차 숨을 죽이네
시계 초침 돌아가는 무거운 해거름이
북녘 하늘에 노을을 걸어두네
영생원 까마득한 굴뚝에서 피어오르네
위험한 경계에 발목 잡혀 가지도

오지도 못하는 잔인한 시간
달빛 푹 패인 발자국을 따라 하늘길 나서고 싶어
맨발로 몇 번이고 몇 번이고 문고리를 잡네
칼바람도 뒤따라 넘어가네
흐느끼던 얇은 그림자 하나
입 벌린 채 잠이 드네
숨이 아직도 뜨겁네.

–「갈 때」 부분

⑤
하늘에 성근별로 그물망을 쳐놓고
이따금 떼로 몰려온 양떼구름과
파란 이승을 내달리는지
바람에 흐느끼는 꽃잎으로 흔들리네

비루먹은 시절이
떨어져 내린 가난을 꿰어
수의 대신 걸쳤네

너무도 아뜩해서
마지막 말이 달려오질 못하네
허공을 맴돌다
어딘가로 사라져 버리고 말 한 생이

하얗게 질려있네

흰 나비 한 마리 며칠째
날아가려고 날개를 파닥이네.

–「고별무」 전문

①에서 화자가 깁는 것은 천(옷)이기도 하고 아픈 기억과 상처 난 마음을 의미하기도 한다. 누구나 사회적인 관계에서 상처를 받지 않기 위해 가면을 쓰는데 옷 역시 가면과 같은 역할을 한다. 자신의 본질을 감추고 형식적인 관계를 유지하고 싶을 때 옷에 더 신경을 쓰고 악세사리로 마무리를 한다. 하지만 관심과 사랑으로 채워질 때 나를 가리는 옷이나 가면은 필요가 없어진다. 화자는 여러 가지 가면을 가지고 있는데 "담장 밑에 웅크리고 앉아 있는" "유년"을 가린 "얇은 천"과 "날고 싶어 하는" "청춘"을 가린 천과 만족하지 못하는 여러 삶의 조건들을 가린 천과 콤플렉스를 가린 천들이 준비되어 있다. 그러나 그런 가면들도 이길 수 없는 것은 "따뜻한 손길이나 입술" 같은 것이고 부모님과 가족들의 따뜻한 격려와 사랑이다.

그런데 화자는 왜 유년의 시간을 가리고 싶은 것일까. 철없고 해맑은 그 시절에 대체 무슨 일이 있었던 걸까. 그것은 아마도 가까운 사람의 죽음과 연관된 것으로 보인다. 가족이나 부모의 죽음이 유년의 화자에게 아픔이 되고 무의식을 짓누르는 상처가 됐을 수 있다.

②에서 "액자 속에 걸린 소녀"가 "그림 속 주인이 되지" 못하고 "낮달"이 된 그녀는 "혼자 숨바꼭질 하다"가 숨어버린 상태이고, 박제된 풍경은 죽음 쪽으로 기울었다. 여기에서 누군가 떠나고 남은 것은 "외딴집"에 살고 있는 그녀의 가족들이다. 그녀의 가족들도 누군가의 부재로 인해서 적지 않은 타격을 받았을 것이고 "박제된 풍경" 속에서 슬픔을 안고 살았을 것이다. 인간은 세상에 홀로 떨궈져서 고군분투하다가 생을 떠나는 존재라고 했던가. 아버지와 함께 힘든 생을 살아오신 어머니의 쇠약함과 병듦은 자식된 입장에서 가장 큰 걱정거리이다. 어머니의 존재는 자식들이 세상에서 잘 살아갈 수 있도록 오래 참고 인내하고 기도하는 존재이다. 또한 딸에게는 자신의 전생이면서 닮고 싶지 않은 존재이기도 한 어머니가 마음의 준비가 되지 않은 상태에서 병원 신세를 져야하는 상황은 힘든 일이다.

③에서 어머니는 자식의 존재는 물론이고 자신의 존재까지 까맣게 잊고 "내가 누구여"를 다급하게 묻는 질문에 "몰러 모른다니께"를 연발한다. 기억이 어떻게 이렇게까지 깨끗하게 소멸될 수 있을까. 자식들의 속이 타들어가고 그녀를 아는 사람들의 속도 까맣게 타들어간다. 기억이 사라지면 추억도, 관계도, 정도 사라지고 결국에는 온전치

못한 육체만 오롯이 남는다. 이제 "기억 끝에 박혀 빠질 줄 모르는 상처만 곱씹으며" 자신들의 불효를 "되새김질" 하는 것은 어머니의 몸과 마음에 붙어살던 자식들이다. 어머니에게 해준 것은 하나도 없고 받기만 했던 그 사랑이 얼마나 크고 위대한 것이었는지를 새삼 깨닫는다. 자신들의 눈 앞에 있는 어머니는 이전에 알던 어머니가 아니라 그저 "눈망울"이 "순한 가축" 같고 허물어진 육체로 "내력을 감추고 있"는 존재인 것만 같아서 자식들은 알 수 없는 이질감을 느낀다. 이제 어머니는 아주 딴 사람이 되어서 자신들을 무덤덤하게 바라보고 허공만을 응시한다.

④에서 육체적 고통으로 힘들어하던 영혼이 마지막으로 건너가는 그 단계는 죽음에 드는 것이다. 죽음 이후에 슬픔과 고통, 후회와 자조는 살아있는 자들의 몫으로 남겨두고 망자는 오롯이 자신의 길을 떠날 뿐이다. 어머니의 마지막 모습과 고통의 시간들이 화자에 의해 고스란히 기록되고 있다. 세차게 몰려오던 통증이 온 몸을 잠식해 들어가고 "앙상한 뼈 마디마디"에서 신음소리가 터져 나오면서 죽음의 강을 건너가는 모습을 상상하게 된다. 어머니가 죽음에 들어서는 순간 "뻐꾸기 소리에 잿빛 물이 들고" "까치 울음소리도 누런 베옷을 걸치고" "바람의 날갯짓조차 숨"을 죽여 어머니의 영혼을 떠나보낸다. 세상천지가 고요해서 죽음에 들기 좋은 시간에 어머니는 모든 세상과의 인연을 벗어버리고 죽음을 향해 걸어간다. "영생원

까마득한 굴뚝"에서 어머니의 육신을 태운 연기가 아득하게 피어오르고 생과 사의 "위험한 경계"에 든 그 순간을 화자는 "잔인한 시간"으로 기억한다. 끝내 "흐느끼던 얇은 그림자 하나"가 온전히 "잠이" 들어 죽음이 완성되고 그 증거로 어머니의 "숨"이 뜨거운 상태로 남는다.

⑤에서는 죽음을 상징하는 기표들로 가득한데 영혼을 상징하는 "나비"의 출현이 죽음의 의미를 가장 잘 이끌어내고 "수의"라는 말 또한 그것을 뒷받침해주고 있다. 세상에 왔다가 흙으로 돌아가는 인생이 우주의 질서에서 보면 자연스럽고 당연한 일이며, 모든 존재들은 자신의 생을 충실히 살다가 다시 무로 돌아가게 되어 있는 것이다. 하늘의 "성근별"이 그렇고 "양떼구름"이 그렇고 "꽃잎"이 그렇고 "말" 또한 그렇게 한 시절 "파란 이승"을 살다가 소멸되는 운명을 맞는다. 세상의 어떤 것이든 잠깐 왔다가 가는 생이니 우주의 질서와 섭리에 순응하며 살아가야 한다. 그런 운명을 살기 위해서 날개를 파닥이는 "나비"의 몸짓은 화자가 보기에 "고별무"를 추는 것처럼 보인다. 모든 생명들이 소멸을 두려워하고 아쉬워하면서 멈칫거리지만 나비는 왠지 자발적으로 자신의 소멸을 준비하는 듯하다. 어머니가 이생을 떠날 때처럼 나비 또한 죽음을 거부하지 않고 편안하게 날갯짓을 하고 화자에게 마지막 안부를 전하려는 듯 고별무를 추고 있다.

풍자에서 죽음까지의 다양한 유형의 시들을 한 데 묶어 놓은 이 시집은 가볍고 재기 넘치는 웃음에서부터 존재론의 심연까지 그간 시인이 갈고 닦은 역량을 아낌없이 보여준 시집이다. 평소에 오규원 시인은 제자들에게 세권의 시집을 내야 진정으로 시인의 길에 들어선 것이라고 말했다고 한다. 그런데 이혜민의 두 번째 시집을 읽고 나서 그녀가 진정한 시인의 길로 들어섰다고 말하고 싶다. 삶에서 우러나온 이야기로, 일상에서 만나는 대상과 사물에 의미를 부여하는 것으로, 비유의 적절한 표현을 통해서 고개를 끄덕이게 만드는 재주로, 기억을 퍼올려서 현재와 미래로 나아가는 소통의 방법으로 그녀가 진정 시의 길에 머물고 있음을 보여주고 있다. 이혜민 시인이 운명적으로 시인이 될 수밖에 없는 별자리를 타고 났음을 이 시집을 통해서 느낄 수가 있었다. 앞으로 더 깊어진 사색으로, 더 유려한 표현으로, 더 섬세한 감각으로 세 번째 시집을 만날 수 있기를 고대한다.